Impressum
Verlag: BABADADA GmbH, Nedderfeld 112 , 22529 Hamburg
Geschäftsführer / Verlagsleitung: Harald Hof
Druck: Books on Demand GmbH, In de Tarpen 42, 22848 Norderstedt

Imprint
Publisher: BABADADA GmbH, Nedderfeld 112 , 22529 Hamburg, Germany
Managing Director / Publishing direction: Harald Hof
Print: Books on Demand GmbH, In de Tarpen 42, 22848 Norderstedt

學校

школа

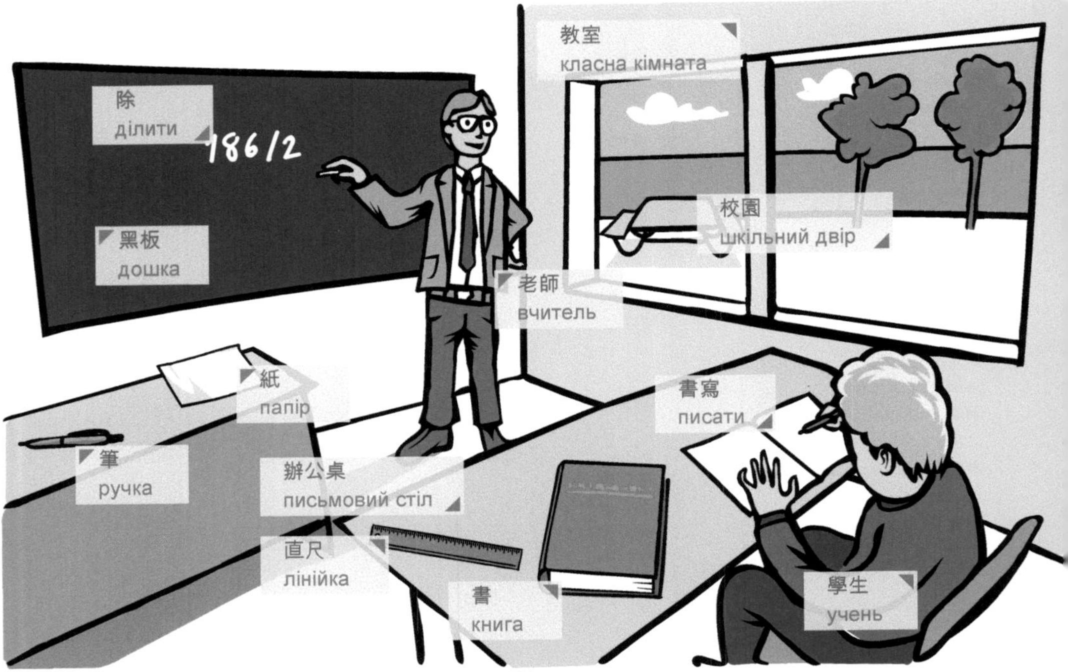

教室
класна кімната
除
ділити
186/2
黑板
дошка
校園
шкільний двір
老師
вчитель
紙
папір
書寫
писати
筆
ручка
辦公桌
письмовий стіл
直尺
лінійка
書
книга
學生
учень

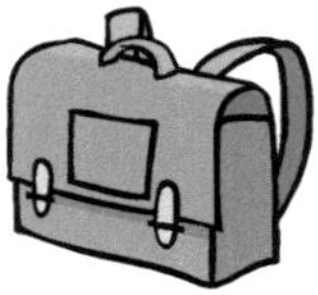

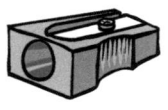

書包

ранець

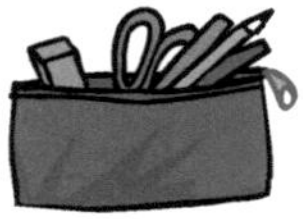

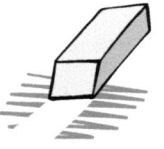

鉛筆盒

пенал

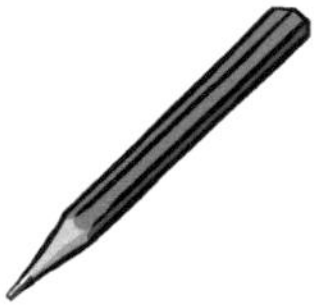

鉛筆

олівець

削鉛筆機

точило

橡皮擦

гумка

畫板

альбом для малювання

圖畫

малюнок

畫筆

пензель

顏料盒

коробка фарб

剪刀

ножиці

膠水

клей

練習冊

зошит

家庭作業

домашнє завдання

12

數字

число

2+2

加

додавати

5-2

減

віднімати

2×2

乘

множити

計算

рахувати

A

字母

літера

ABCDEFG
HIJKLMN
OPQRSTU
VWXYZ

字母表

абетка

字

слово

課文

текст

讀

читати

粉筆

крейда

上課

година

登記

класний журнал

考試

екзамен

證書

диплом

校服

шкільна форма

教育

освіта

百科全書

лексикон

大學

університет

顯微鏡

мікроскоп

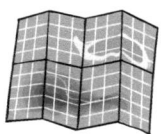

地圖

карта

廢紙簍

кошик для паперу

旅行

подорож

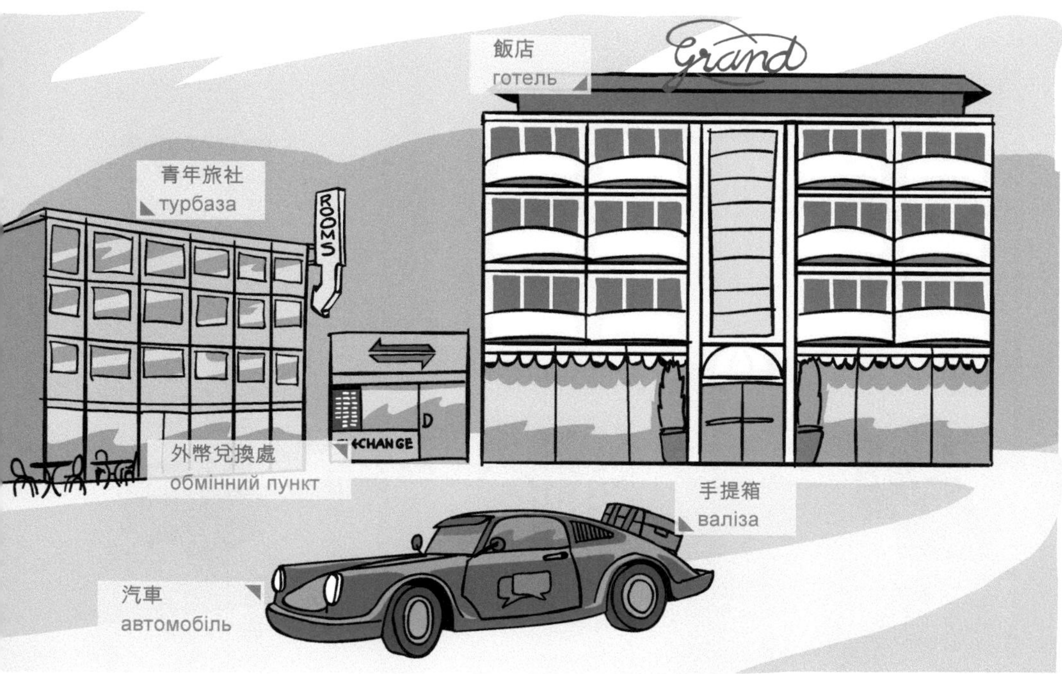

飯店
готель
Grand
青年旅社
турбаза
ROOMS
外幣兌換處
обмінний пункт
EXCHANGE
手提箱
валіза
汽車
автомобіль

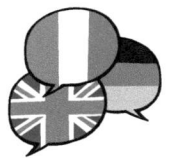

語言

мова

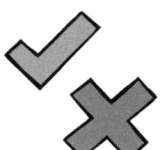

是/否

так / ні

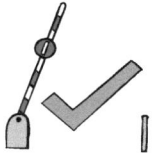

好的

добре

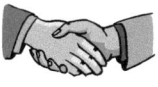

您好

привіт

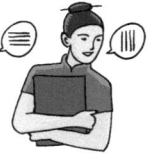

翻譯人員

перекладач

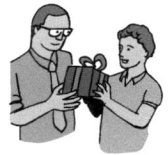

謝謝

дякую

……多少錢？

Скільки коштує …?

我不明白

Я не розумію

問題

проблема

晚上好！

Добрий вечір!

早上好！

Доброго ранку!

晚安！

На добраніч!

再見

До побачення

方向

напрямок

行李

багаж

包

сумка

背包

рюкзак

客人

гість

房間

кімната

睡袋

спальний мішок

帳篷

намет

旅行資訊
туристична інформація

海灘
пляж

信用卡
кредитна картка

早餐
сніданок

午餐
обід

晚餐
вечеря

票
квиток

電梯
ліфт

郵票
поштова марка

邊界
межа

海關
митниця

大使館
посольство

簽證
віза

護照
паспорт

交通運送

транспорт

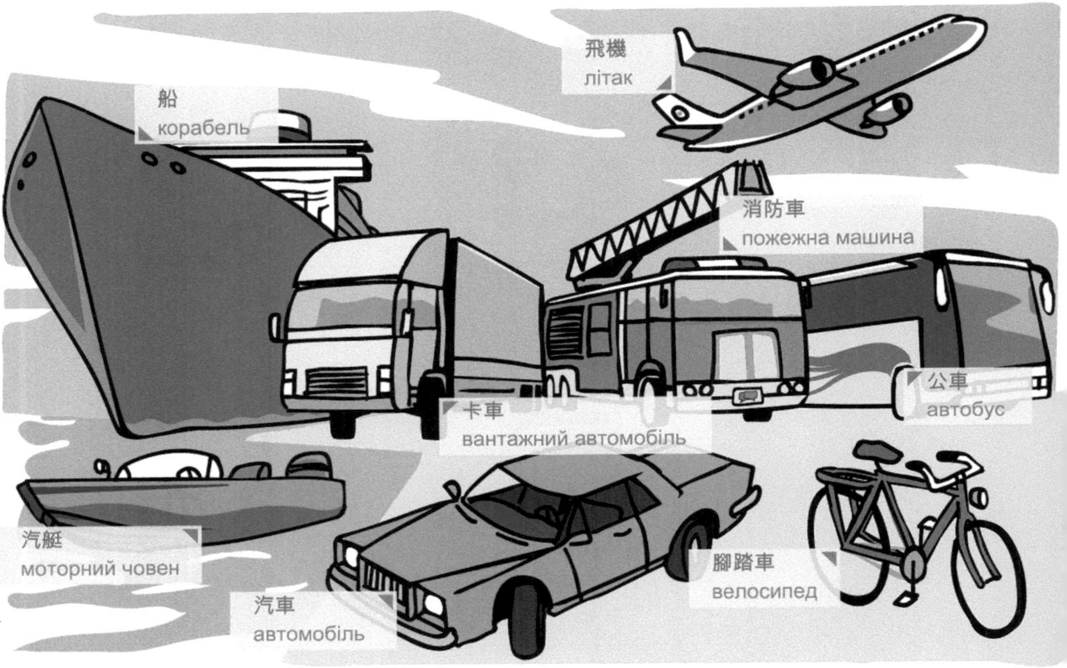
飛機
літак
船
корабель
消防車
пожежна машина
公車
автобус
卡車
вантажний автомобіль
汽艇
моторний човен
腳踏車
велосипед
汽車
автомобіль

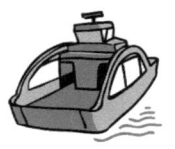

渡輪

пором

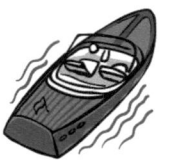

小船

човен

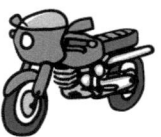

機車

мотоцикл

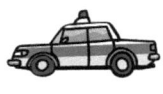

警車

поліцейська машина

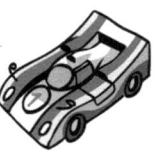

賽車

гоночний автомобіль

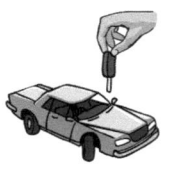

租車

автомобіль на прокат

拼車

спільне користування авто

拖車

евакуатор

垃圾車

сміттєвоз

馬達

двигун

汽油

паливо

加油站

автозаправна станція

交通標識

дорожній знак

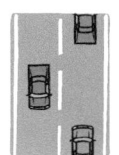

交通

рух

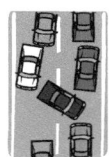

交通堵塞

затор

停車場

стоянка

火車站

вокзал

軌道

рейки

火車

потяг

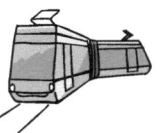

路面電車

трамвай

客車廂

вагон

直升機
....
гелікоптер

機場
....
аеропорт

塔
....
вежа

乘客
....
пасажир

集裝箱
....
контейнер

紙板箱
....
коробка

手推車
....
візок

籃子
....
кошик

起飛/降落
....
стартувати / приземлятися

城市

місто

村莊
....
село

市中心
....
центр міста

房子
....
дім

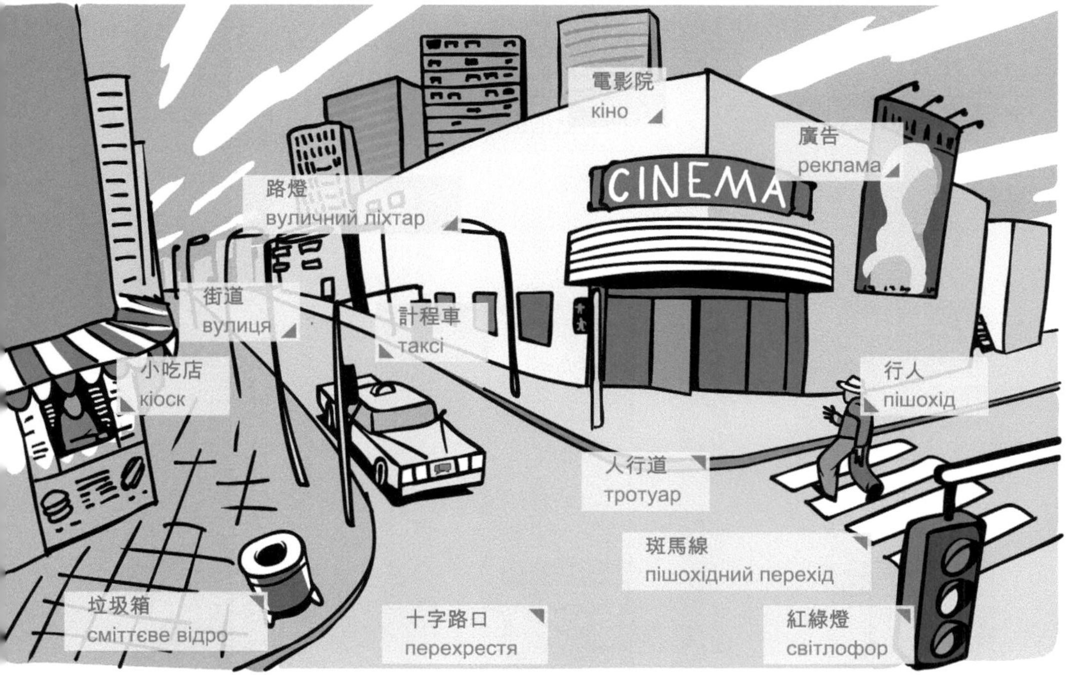

電影院
кіно
廣告
реклама
CINEMA
路燈
вуличний ліхтар
街道
вулиця
計程車
таксі
小吃店
кіоск
行人
пішохід
人行道
тротуар
斑馬線
пішохідний перехід
垃圾箱
сміттєве відро
十字路口
перехрестя
紅綠燈
світлофор

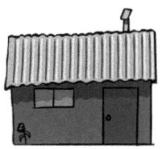

小屋

хатина

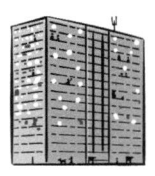

公寓

квартира

火車站

вокзал

市政廳

ратуша

MUSEUM

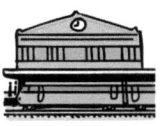

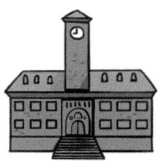

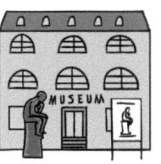

博物館

музей

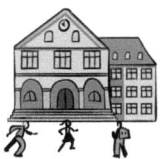

學校

школа

大學

університет

銀行

банк

醫院

лікарня

飯店

готель

藥房

аптека

辦公室

офіс

書店

книжковий магазин

商店

магазин

花店

квітковий магазин

超市

супермаркет

市場

ринок

百貨商店

універмаг

魚店

торговець рибою

購物中心

торговельний центр

海港

гавань

公園
парк

長凳
лава

橋
міст

樓梯
сходи

捷運
метро

隧道
тунель

公車站
автобусна зупинка

酒吧
бар

餐館
ресторан

郵筒
поштова скринька

路標
вулична табличка

停車計時器
лічильник паркування

動物園
зоопарк

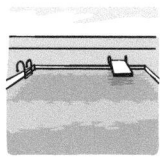

游泳池
басейн

清真寺
мечеть

農場

ферма

污染

забруднення
навколишнього
середовища

墓地

кладовище

教堂

церква

操場

дитячий майданчик

寺廟

храм

地形
ландшафт

樹葉
листок

指示牌
вказівний стовп

路
шлях

草地
луг

石頭
камінь

徒步旅行者
мандрівник

樹
дерево

河
річка

草
трава

花
квітка

峽谷

долина

丘陵

гора

湖

озеро

森林

ліс

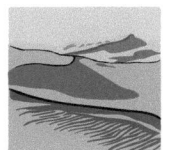

沙漠

пустеля

火山

вулкан

城堡

замок

彩虹

веселка

蘑菇

гриб

棕櫚樹

пальма

蚊子

комар

蒼蠅

муха

螞蟻

мурашка

蜜蜂

бджола

蜘蛛

павук

甲蟲

жук

青蛙

жаба

松鼠

вивірка

刺蝟

їжак

野兔

заєць

貓頭鷹

сова

鳥

птах

天鵝

лебідь

野豬

кабан

鹿

олень

麋鹿

лось

水壩

гребля

風力發電機

вітряк

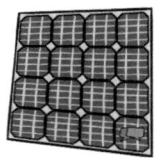

太陽能電池板

сонячний модуль

氣候

клімат

地形 - ландшафт

餐館

ресторан

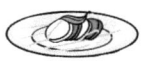

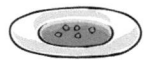

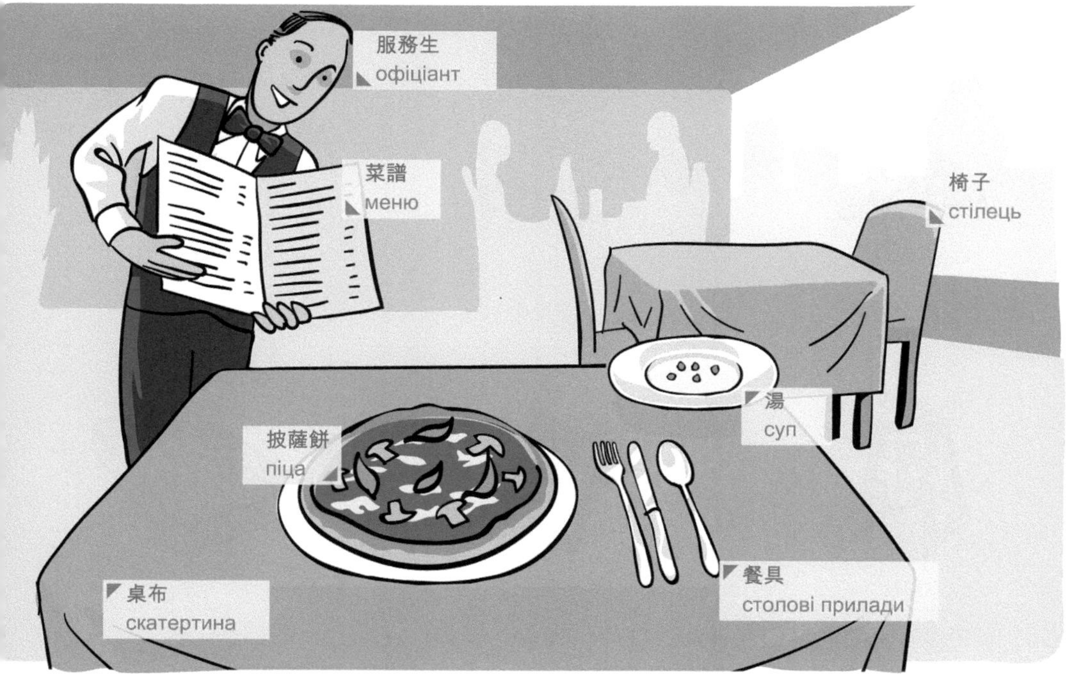

服務生
офіціант
菜譜
меню
椅子
стілець
湯
суп
披薩餅
піца
餐具
столові прилади
桌布
скатертина

前菜

закуска

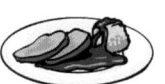

主菜

друга страва

甜點

десерт

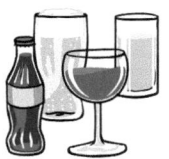

飲料

напої

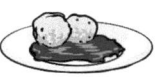

食物

їжа

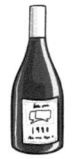

瓶子

пляшка

速食

фаст-фуд

街邊小吃

вулична їжа

茶壺

чайник

糖盒

цукорниця

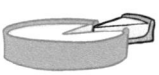

一份飯菜

порція

義式咖啡機

еспресо-машина

高腳椅

високий стільчик

帳單

рахунок

托盤

піднос

刀

ніж

餐叉

вилка

勺子

ложка

茶匙

чайна ложка

餐巾

серветка

玻璃杯

склянка

餐館 - ресторан

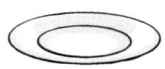

碟子

тарілка

湯盤

тарілка для супу

碟子

блюдце

醬

соус

鹽瓶

солонка

胡椒研磨罐

млин для перцю

醋

оцет

食用油

масло

調味料

спеції

番茄醬

кетчуп

芥末

гірчиця

美乃滋

майонез

超市

супермаркет

特價
пропозиція
FOR
顧客
клієнт
乳製品
молочні продукти
水果
фрукти
購物車
візок для покупок

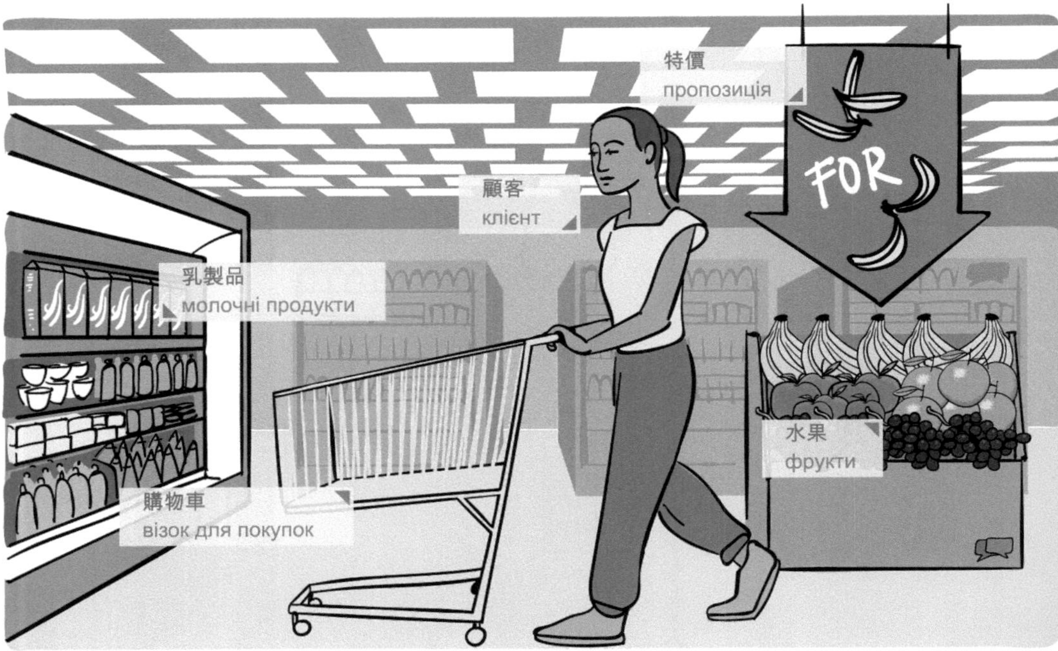

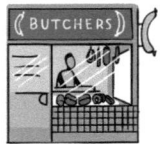

BUTCHERS

肉鋪

м'ясний магазин

BAKERY

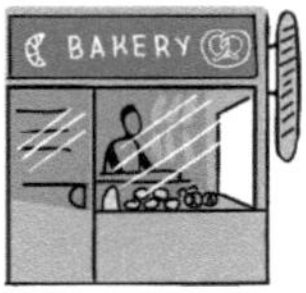

麵包店

пекарня

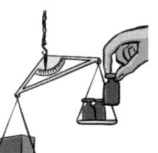

稱重

зважувати

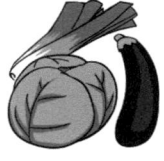

蔬菜

овочі

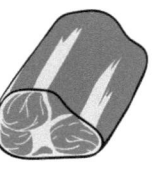

肉

м'ясо

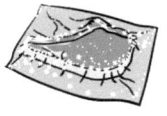

冷凍食品

заморожені продукти

冷盤

ковбасна нарізка

罐頭食品

консерви

洗衣粉

пральний порошок

甜食

солодощі

日用品

предмети домашнього побуту

清潔用品

мийний засіб

銷售員

продавщиця

收銀機

каса

收銀員

касир

購物清單

список покупок

開放時間

часи роботи

錢包

гаманець

信用卡

кредитна картка

袋子

сумка

塑膠袋

поліетиленовий пакет

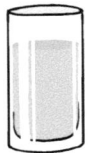

水

вода

果汁

сік

牛奶

молоко

可樂

кола

紅酒

вино

啤酒

пиво

酒

алкоголь

可可

какао

茶

чай

咖啡

кава

義式濃縮咖啡

еспресо

卡布奇諾

капучіно

香蕉

банан

蘋果

яблуко

柳丁

апельсин

西瓜

кавун

檸檬

лимон

胡蘿蔔

морква

大蒜

часник

竹子

бамбук

洋蔥

цибуля

蘑菇

гриб

堅果

горішки

麵條

локшина

義大利麵

спагеті

米飯

рис

沙拉

салат

薯條

картопля фрі

炸馬鈴薯

смажена картопля

披薩餅

піца

漢堡

гамбургер

三明治

бутерброд

炸豬排

шніцель

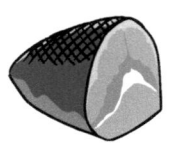

火腿

шинка

義大利臘腸

салямі

香腸

ковбаса

雞肉

курка

烤肉

печеня

魚

риба

燕麥片

вівсяні пластівці

木斯里

мюслі

玉米片

кукурудзяні пластівці

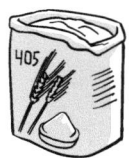

麵粉

борошно

牛角麵包

круасан

麵包捲

булочка

麵包

хліб

吐司

тостовий хліб

餅乾

печиво

奶油

масло

凝乳

сир

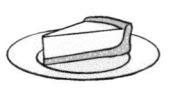

蛋糕

пиріг

蛋

яйце

煎蛋

яєчня

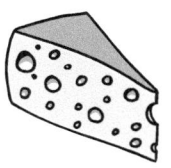

起司

сир

食物 - їжа

冰淇淋

морозиво

糖

цукор

蜂蜜

мед

果醬

мармелад

巧克力醬

нуга-крем

咖哩

карі

農場
ферма

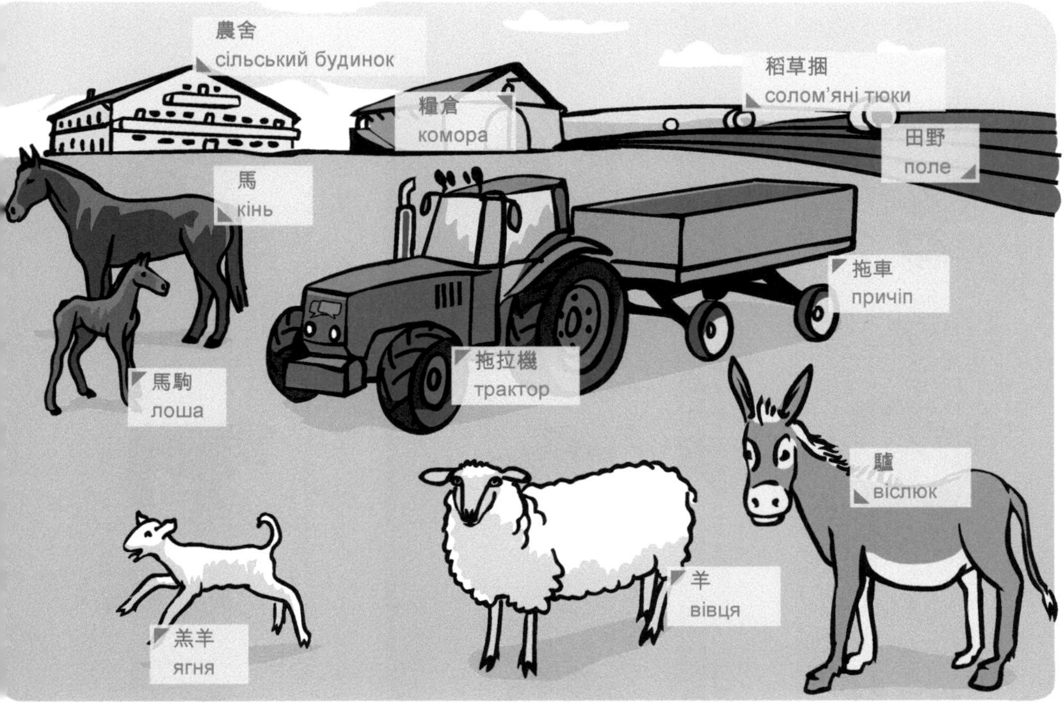

農舍
сільський будинок
稻草捆
солом'яні тюки
糧倉
комора
田野
поле
馬
кінь
拖車
причіп
拖拉機
трактор
馬駒
лоша
驢
віслюк
羊
вівця
羔羊
ягня

山羊

козa

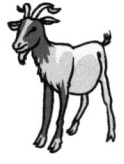

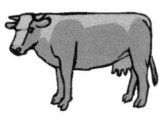

奶牛

корова

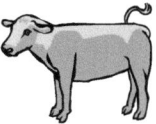

小牛

теля

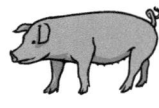

豬

свиня

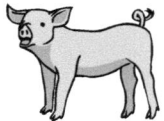

小豬

порося

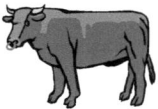

公牛

бик

鵝

гусак

鴨

качка

小雞

курча

母雞

курка

公雞

півень

鼠

щур

貓

кіт

老鼠

миша

牛

віл

狗

собака

狗屋

собача будка

花園澆水軟管

садовий шланг

澆水壺

лійка

長柄大鐮刀

коса

犁

плуг

鐮刀

серп

鋤頭

мотика

長柄草耙

вила

斧頭

сокира

獨輪手推車

тачка

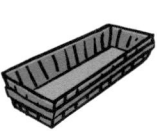

飼料槽

корито

牛奶罐

бідон молока

麻布袋

мішок

柵欄

паркан

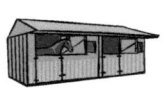

馬廄

хлів

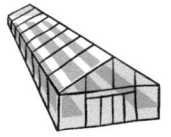

溫室

теплиця

土壤

ґрунт

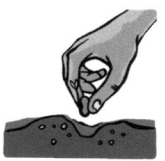

種子

насіння

肥料

добриво

聯合收割機

комбайн

農場 - ферма

收割

пожинати

收割

урожай

地瓜

корінь ямсу

小麥

пшениця

大豆

соя

土豆

картопля

玉米

кукурудза

油菜籽

ріпак

果樹

плодове дерево

樹薯

маніок

穀物

злаки

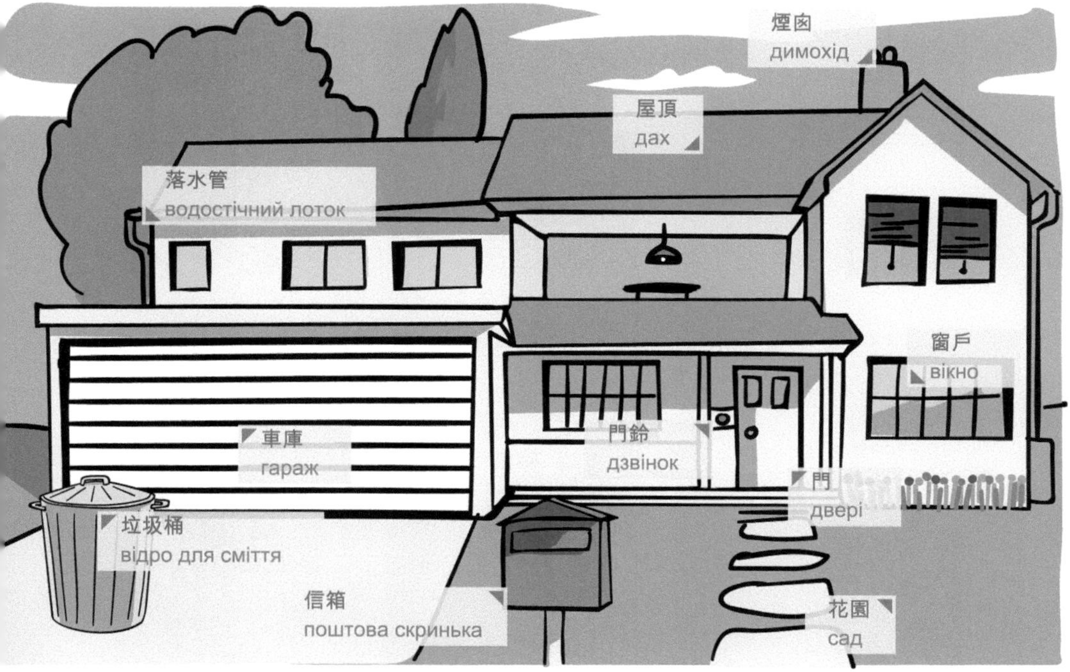

煙囪
димохід

屋頂
дах

落水管
водостічний лоток

窗戶
вікно

車庫
гараж

門鈴
дзвінок

門
двері

垃圾桶
відро для сміття

信箱
поштова скринька

花園
сад

客廳

вітальня

浴室

ванна кімната

廚房

кухня

臥室

спальня

兒童房

дитяча кімната

餐廳

їдальня

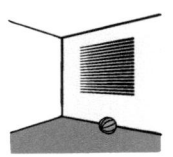

地板

підлога

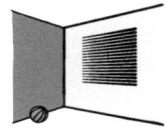

牆壁

стіна

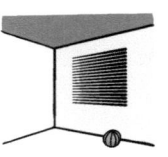

天花板

стеля

地窖

підвал

三溫暖

сауна

陽臺

балкон

露臺

тераса

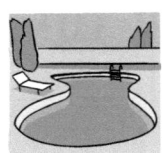

游泳池

басейн

割草機

косарка

被單

простирало

床罩

ковдра

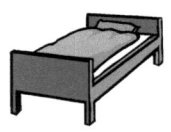

床

ліжко

掃帚

мітла

水桶

відро

開關

перемикач

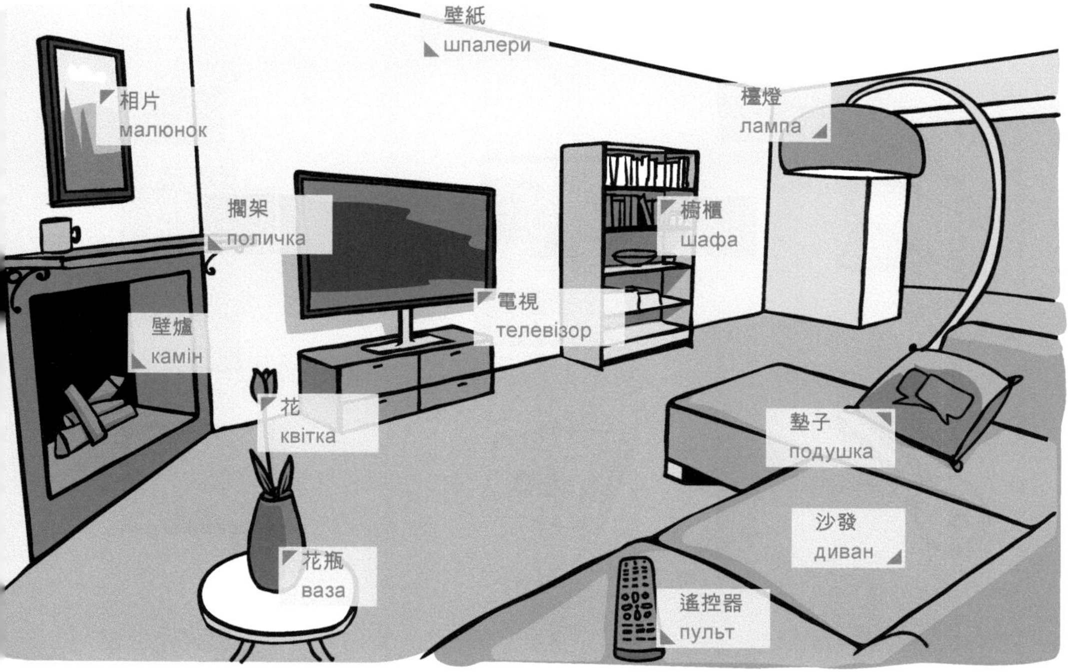

相片
малюнок

壁紙
шпалери

檯燈
лампа

擱架
поличка

櫥櫃
шафа

壁爐
камін

電視
телевізор

花
квітка

墊子
подушка

沙發
диван

花瓶
ваза

遙控器
пульт

地毯

килим

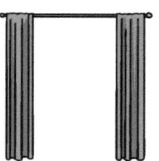

窗簾

завіса

餐桌

стіл

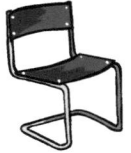

椅子

стілець

搖椅

крісло-гойдалка

扶手椅

крісло

書
книга

毯子
ковдра

裝飾品
прикраса

木柴
дрова

電影
фільм

高傳真音響
стереосистема

鑰匙
ключ

報紙
газета

油畫
картина

海報
плакат

收音機
радіо

筆記本
блокнот

吸塵器
пилосос

仙人掌
кактус

蠟燭
свічка

廚房

кухня

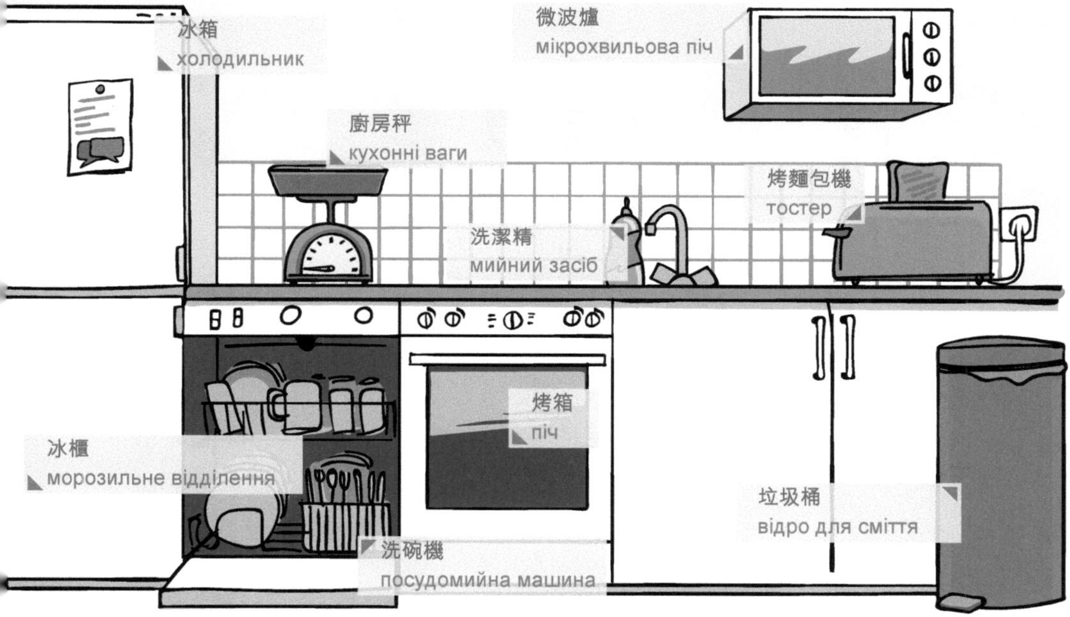
冰箱
холодильник
微波爐
мікрохвильова піч
廚房秤
кухонні ваги
烤麵包機
тостер
洗潔精
мийний засіб
烤箱
піч
冰櫃
морозильне відділення
垃圾桶
відро для сміття
洗碗機
посудомийна машина

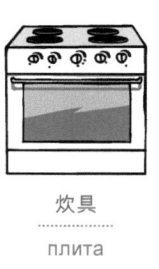

炊具

плита

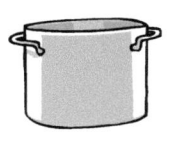

鍋

горщик

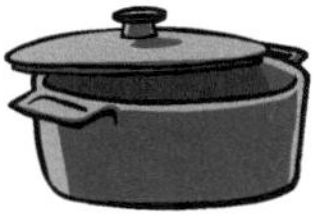

鑄鐵鍋

чавунний горщик

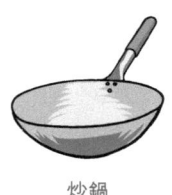

炒鍋

вок / кадай

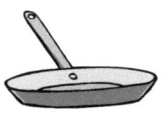

平底鍋

сковорода

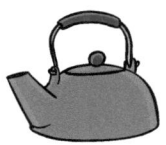

水壺

чайник

蒸鍋

пароварка

烤盤

лист

陶瓷鍋

посуд

馬克杯

кухоль

碗

чаша

筷子

палички для їжі

長柄勺

черпак

鏟子

лопатка

攪拌器

вінчик для збивання

濾網

сито

篩子

сито

磨碎機

терка

研缽

ступка

燒烤

барбекю

明火

багаття

菜板

дошка

擀麵杖

качалка

開瓶器

штопор

罐子

конзерва

開罐器

відкривачка

隔熱手套

прихватки

水槽

раковина

刷子

щітка

海綿

губка

攪拌機

міксер

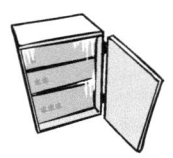

冷藏箱

морозильна камера

奶瓶

дитяча пляшка

水龍頭

кран

浴室

ванна кімната

浴室 供暖裝置 опалення

淋浴 душ

毛巾 рушник

浴簾 душова завіса

泡沫浴 піниста ванна

浴缸 ванна

玻璃杯 склянка

洗衣機 пральна машина

瓷磚 плитка

水龍頭 кран

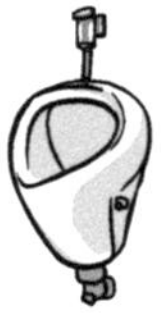

便壺 горшок

水槽 раковина

廁所	蹲便器	坐浴器
туалет	підлоговий туалет	біде
小便斗	廁紙	馬桶刷
пісуар	туалетний папір	щітка для туалету

牙刷

зубна щітка

牙膏

зубна паста

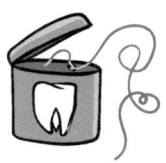

牙線

нитка для чищення зубів

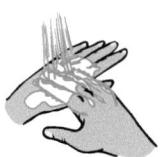

洗

мити

手持式蓮蓬頭

ручний душ

沖洗器

інтимний душ

洗臉盆

таз

洗背刷

щітка для спини

肥皂

мило

沐浴露

гель для душу

洗髮乳

шампунь

法蘭絨

мочалка

排水

водостік

乳霜

крем

除臭劑

дезодорант

鏡子

дзеркало

手鏡

косметичне дзеркало

刮鬍刀

бритва

刮鬍泡沫

піна для гоління

鬍後水

лосьйон після гоління

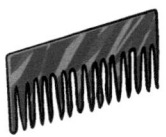

梳子

гребінь

刷子

щітка

吹風機

фен

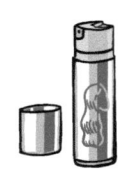

噴髮定型劑

лак для волосся

化妝品

косметика

唇膏

губна помада

指甲油

лак для нігтів

化妝棉

вата

指甲剪

ножиці для нігтів

香水

парфум

洗漱包

косметичка

凳子

табурет

計重秤

ваги

浴袍

халат

橡膠手套

гумові рукавички

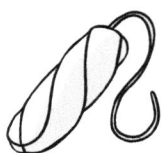

衛生棉條

тампон

衛生棉

гігієнічні прокладки

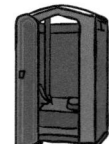

化學廁所

біотуалет

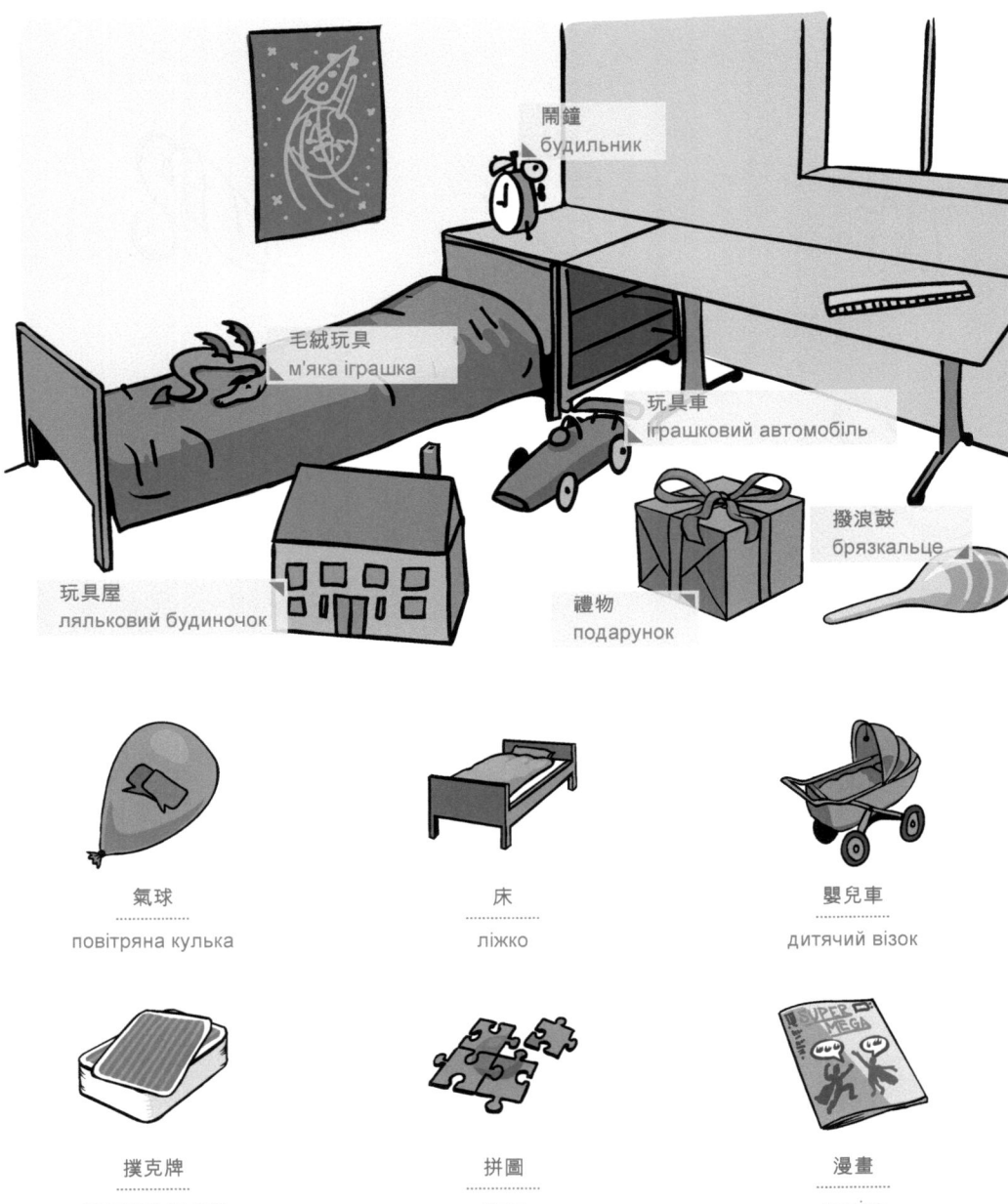

鬧鐘
будильник

毛絨玩具
м'яка іграшка

玩具車
іграшковий автомобіль

撥浪鼓
брязкальце

玩具屋
ляльковий будиночок

禮物
подарунок

氣球
повітряна кулька

床
ліжко

嬰兒車
дитячий візок

撲克牌
картярська гра

拼圖
пазл

漫畫
комікс

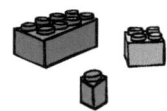

樂高積木

лего цеглинки

積木玩具

блоки

公仔

іграшкова фігурка

嬰兒服

повзунки

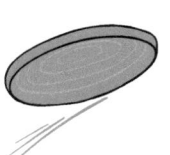

飛盤

фризбі

床鈴玩具

мобіле

棋盤遊戲

настільна гра

骰子

кубик

火車模型

модель залізнична станція

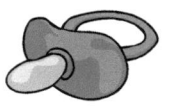

安撫奶嘴

соска

派對

вечірка

繪本

книжка з картинками

球

м'яч

洋娃娃

лялька

玩

грати

沙坑

пісочниця

鞦韆

гойдалка

玩具

іграшка

電玩遊戲

гральна консоль

三輪車

триколісний велосипед

泰迪熊

плюшевий мішка

衣櫃

шафа

衣服

одяг

襪子

шкарпетки

長襪

панчохи

緊身褲

колготки

圍巾
шарф

雨傘
парасоля

T恤
футболка

皮帶
ремінь

靴子
чоботи

拖鞋
домашнє взуття

運動鞋
кросівки

涼鞋
сандалі

鞋
взуття

雨靴
гумові чоботи

內褲
труси

胸罩
бюстгальтер

背心
нижня сорочка

衣服 - одяг

身體

боді

褲子

штани

牛仔褲

джинси

短裙

спідниця

女式襯衫

блузка

襯衫

сорочка

套頭衫

пуловер

連帽上衣

светр

西裝夾克

піджак

夾克

куртка

外套

пальто

雨衣

дощовик

套裝

костюм

連衣裙

сукня

婚紗

весільна сукня

西裝

костюм

睡袍

нічна сорочка

睡衣

піжама

莎麗

сарі

頭巾

головна хустка

包頭巾

чалма

波卡

бурка

卡夫坦

кафтан

(阿拉伯式)長袍

абая

泳衣

купальник

男式泳褲

плавки

短褲

шорти

運動服

тренувальний костюм

圍裙

фартух

手套

рукавички

鈕扣

гудзик

眼鏡

окуляри

手鏈

браслет

項鍊

ланцюг

戒指

кільце

耳環

сережка

便帽

шапка

衣架

плічка

帽子

капелюх

領帶

краватка

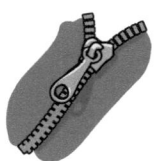

拉鍊

застібка-блискавка

安全帽

шолом

背帶

підтяжки

校服

шкільна форма

制服

уніформа

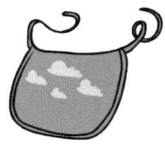

圍兜

нагрудник

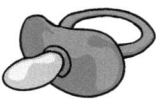

安撫奶嘴

соска

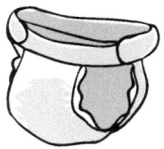

尿布

підгузок

辦公室

офіс

伺服器
сервер
檔案櫃
шаф для документів
印表機
принтер
紙
папір
螢幕
монітор
滑鼠
миша
辦公桌
письмовий стіл
資料夾
папка
鍵盤
синтезатор
廢紙簍
кошик для паперу
電腦
комп'ютер
椅子
стілець

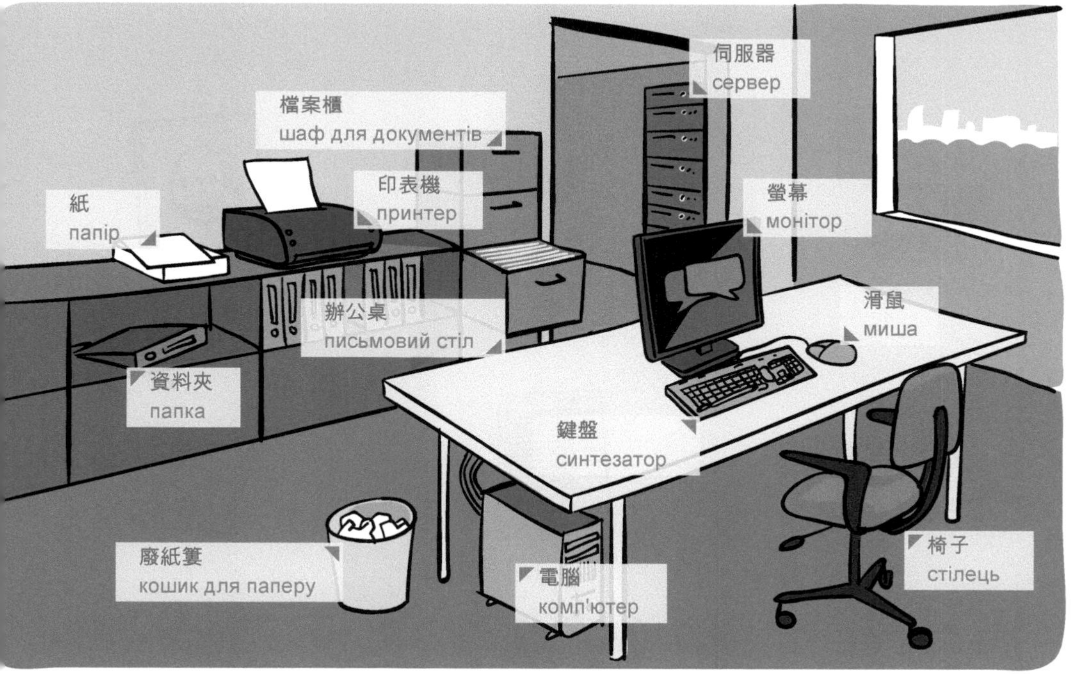

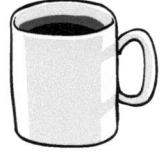

咖啡杯

кавовий кухоль

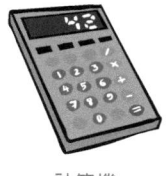

計算機

калькулятор

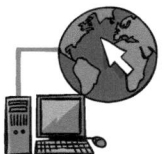

網際網路

інтернет

筆記型電腦

ноутбук

信件

лист

簡訊

повідомлення

行動電話

мобільний телефон

網路

мережа

影印機

копіювальний пристрій

軟體

програмне забезпечення

電話

телефон

插座

розетка

傳真機

факс

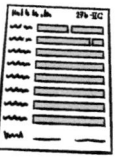

表格

бланк

檔案

документ

買
купувати

付錢
платити

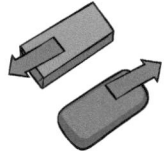

交易
торгувати

現金
гроші

美元
долар

歐元
євро

日元
ієна

盧布
рубль

瑞士法郎
франк

人民幣
юанів женьміньбі

盧比
рупія

提款處
банкомат

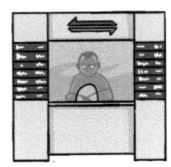

外幣兌換處

обмінний пункт

金

золото

銀

срібло

石油

нафта

能源

енергія

價格

ціна

合約

контракт

稅金

податок

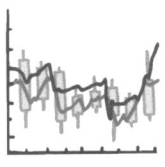

股票

акція

工作

працювати

職員

працівник

老闆

роботодавець

工廠

фабрика

商店

магазин

警官
поліцейський

消防員
пожежник

飛行員
пілот

廚師
повар

醫師
лікар

園丁

садівник

木匠

столяр

裁縫

швачка

法官

суддя

化學家

хімік

演員

актор

公車司機

водій автобуса

計程車司機

таксист

漁夫

рибалка

清洗女工

прибиральниця

屋頂工

покрівельник

服務生

офіціант

獵人

мисливець

畫家

художник

麵包師

пекар

電工

електрик

建築工人

будівельник

工程師

інженер

屠夫

забійник

水管工

бляхар

郵差

листоноша

士兵

солдат

建築師

архітектор

收銀員

касир

花農

флорист

理髮師

перукар

售票員

кондуктор

機械技師

механік

船長

капітан

牙醫

дантист

科學家

вчений

拉比

рабин

伊瑪目

імам

和尚

монах

牧師

пастор

工具
інструменти

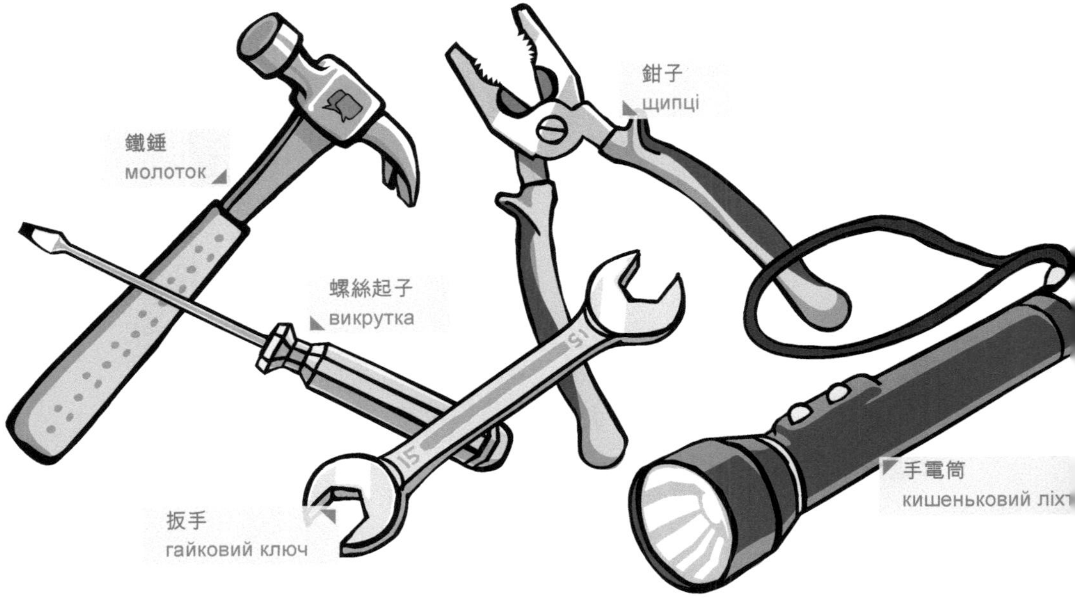

鐵錘
молоток
鉗子
щипці
螺絲起子
викрутка
扳手
гайковий ключ
手電筒
кишеньковий ліхт

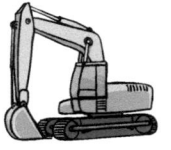

挖掘機

екскаватор

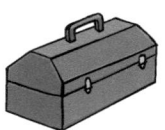

工具箱

ящик для інструментів

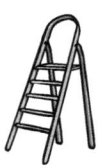

梯子

драбина

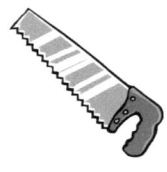

鋸子

пилка

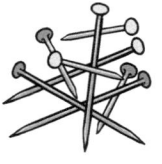

釘子

цвяхи

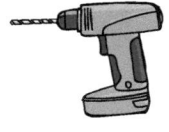

鑽機

свердло

修
ремонтувати

鏟子
лопата

糟糕！
лайно!

畚箕
совок

油漆桶
відро з фарбою

螺絲
гвинти

樂器
музичні інструменти

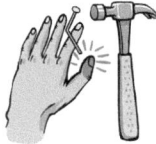

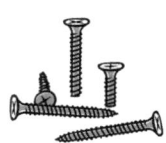

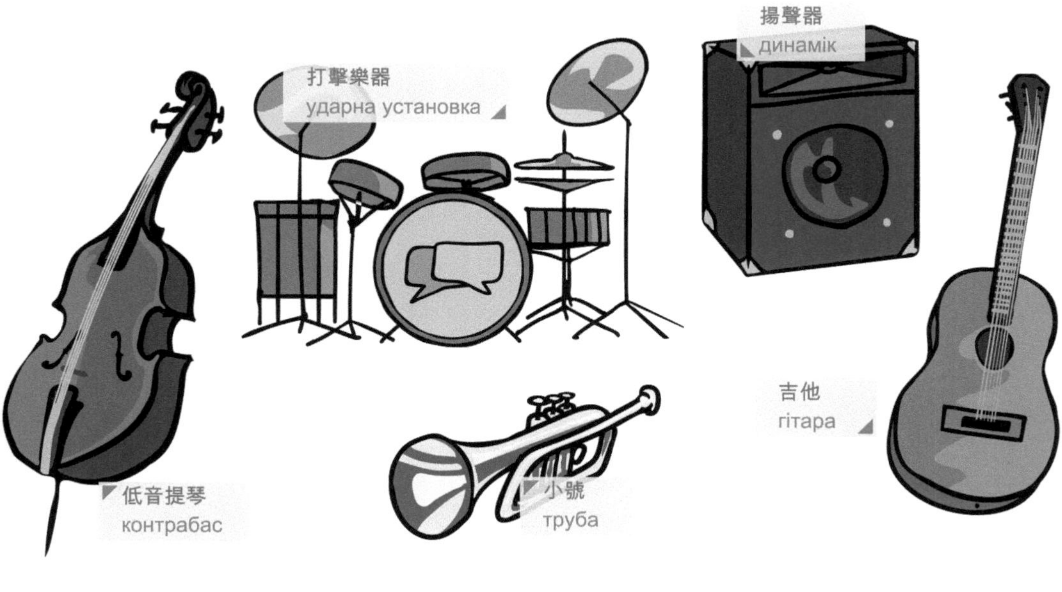

打擊樂器
ударна установка

揚聲器
динамік

低音提琴
контрабас

小號
труба

吉他
гітара

鋼琴

фортепіано

小提琴

скрипка

貝斯

бас

定音鼓

литаври

鼓

барабан

電子琴

клавіатура

薩克斯風

саксофон

長笛

флейта

麥克風

мікрофон

老虎
тигр

入口
вхід

籠子
клітка

斑馬
зебра

動物飼料
корм

熊貓
панда

動物
тварини

大象
слон

袋鼠
кенгуру

犀牛
носоріг

大猩猩
горила

熊
ведмідь

駱駝

верблюд

鴕鳥

страус

獅子

лев

猴子

мавпа

紅鶴

фламінго

鸚鵡

папуга

北極熊

білий ведмідь

企鵝

пінгвін

鯊魚

акула

孔雀

павич

蛇

змія

鱷魚

крокодил

動物園管理員

працівник зоопарку

海豹

тюлень

美洲豹

ягуар

矮種馬

поні

豹

леопард

河馬

гіпопотам

長頸鹿

жираф

老鷹

орел

野豬

кабан

魚

риба

龜

черепаха

海象

морж

狐狸

лисиця

羚羊

газель

動物園 - зоопарк

橄欖球
американський футбол

騎腳踏車
їзда на велосипеді

網球
теніс

籃球
баскетбол

游泳
плавання

拳擊
бокс

冰球
хокей

美式足球

футбол

羽毛球

бадмінтон

田徑

легка атлетика

手球

гандбол

滑雪

лижні перегони

馬球

поло

跳
стрибати

擁抱
обіймати

笑
сміятися

走路
йти

唱
співати

祈禱
молитися

親吻
цілувати

做夢
мріяти

書寫
писати

畫
малювати

展示
показувати

推
тиснути

給
давати

拿
брати

有

мати

做

робити

當

бути

站

стояти

跑

бігати

拉

тягнути

丟

кидати

摔倒

падати

躺

лежати

等待

очікувати

攜帶

носити

坐

сидіти

穿衣

одягати

睡覺

спати

醒來

просипатися

看

дивитися

哭

плакати

擊

гладити

梳頭

розчісувати

交談

розмовляти

明白

розуміти

問

питати

聽

слухати

喝

пити

吃

їсти

清理

прибирати

愛

любити

做飯

варити

開車

їхати

飛

літати

航行

йти під вітрилом

計算

рахувати

讀

читати

學習

вчитися

工作

працювати

結婚

одружуватися

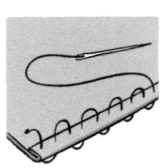

縫

шити

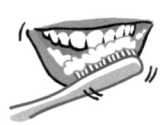

刷牙

чистити зуби

殺

убивати

抽菸

курити

寄

посилати

祖母
бабуся

祖父
дідуся

父親
батько

母親
мати

嬰兒
немовля

女兒
донька

兒子
син

客人

гість

阿姨

тітка

叔叔

дядько

兄弟

брат

姐妹

сестра

家 - сім'я

67

身體

тіло

前額
чоло
眼睛
око
臉
обличчя
下巴
підборіддя
乳房
груди
手指
палець
手
кисть
手臂
рука
肩膀
плече
腿
нога

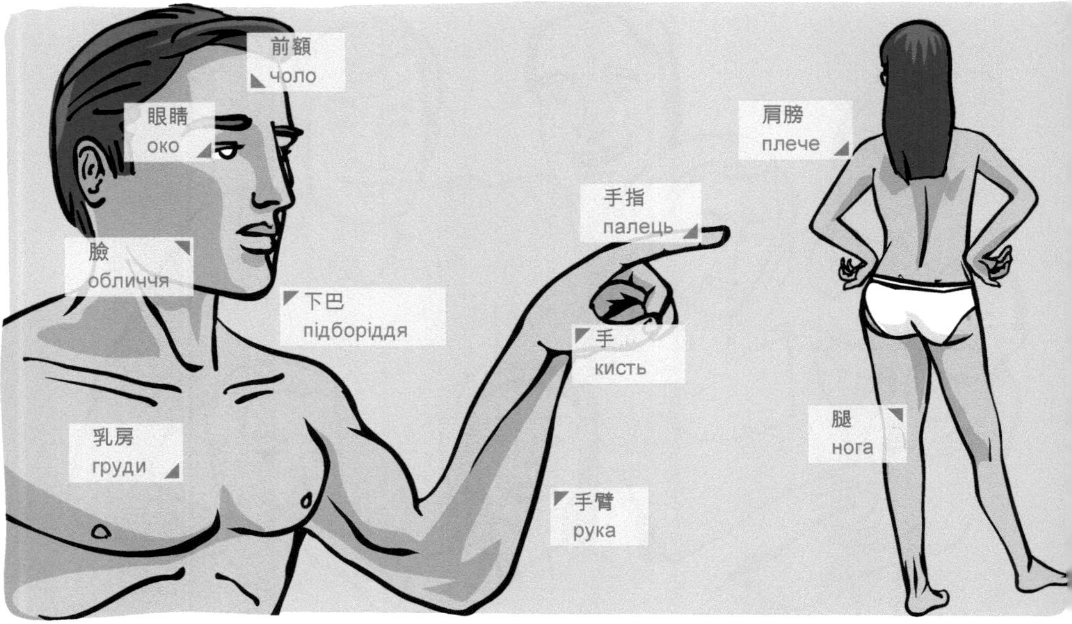

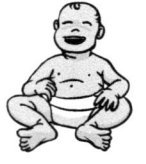

嬰兒

немовля

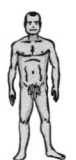

男人

чоловік

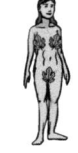

女人

жінка

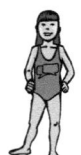

女孩

дівчина

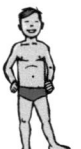

男孩

хлопчик

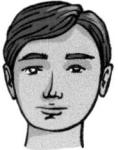

頭

голова

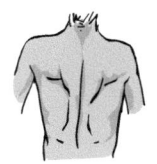

背部

спина

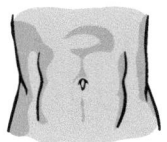

肚子

живіт

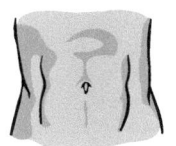

肚臍

пуп

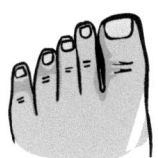

腳趾

палець ноги

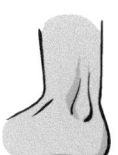

腳後跟

п'ята

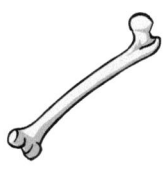

骨頭

кістка

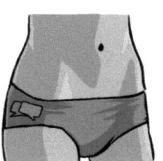

臀部

стегно

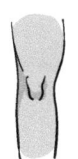

膝蓋

коліно

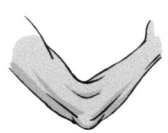

手肘

лікоть

鼻子

ніс

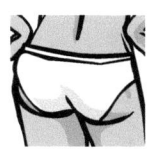

屁股

сідниці

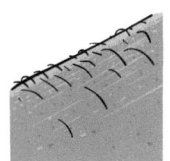

皮膚

шкіра

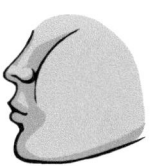

臉頰

щока

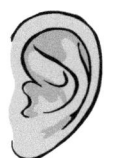

耳朵

вухо

嘴唇

губа

身體 - тіло

嘴

рот

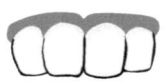

牙齒

зуб

舌頭

язик

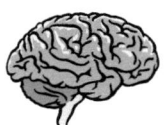

腦

мозок

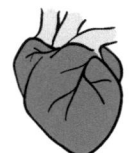

心臟

серце

肌肉

м'яз

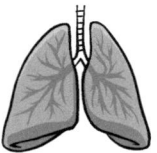

肺

легені

肝臟

печінка

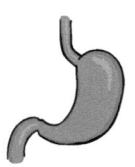

胃

шлунок

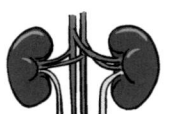

腎臟

нирки

性交

статевий акт

保險套

презерватив

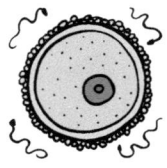

卵子

яйцеклітина

精子

сперма

懷孕

вагітність

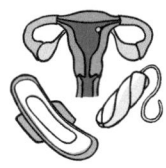

月事

менструація

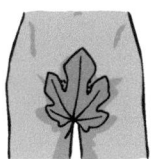

陰道

вагіна

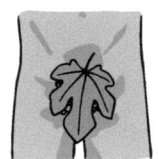

陰莖

пеніс

眉毛

брова

頭髮

волосся

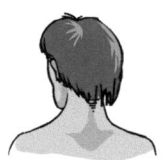

脖子

шия

醫院
лікарня

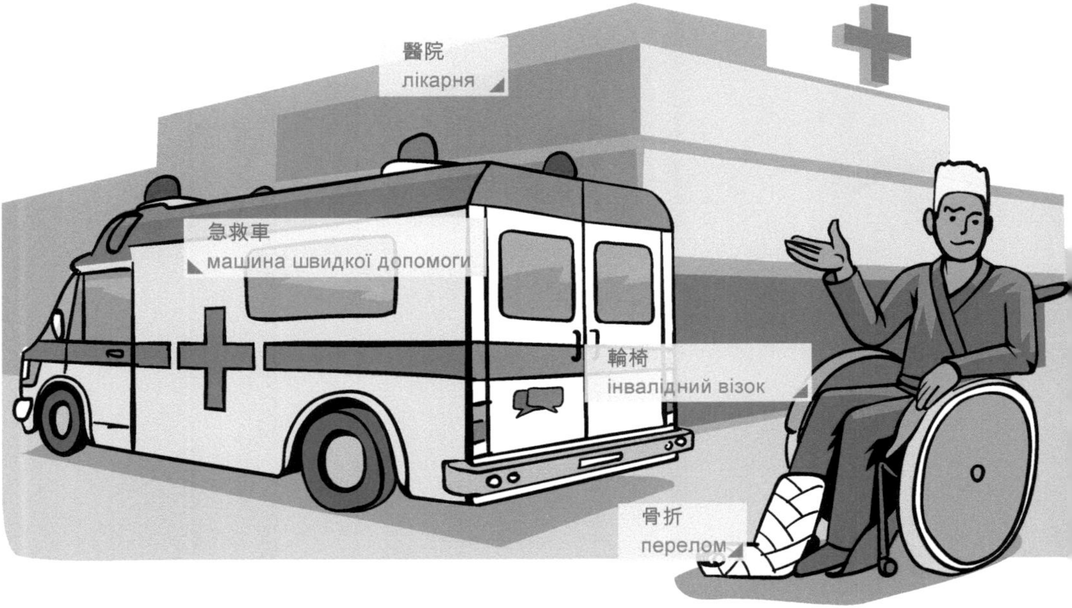

醫院
лікарня
急救車
машина швидкої допомоги
輪椅
інвалідний візок
骨折
перелом

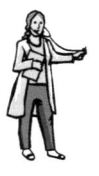

醫師

лікар

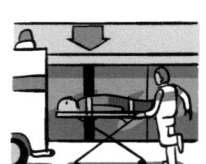

急診室

відділення швидкої медичної допомоги

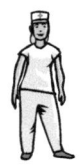

護理師

медсестра

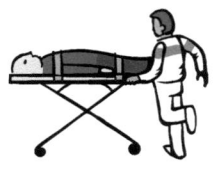

緊急情形

аварійний випадок

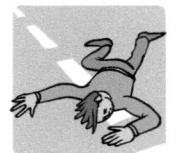

昏迷

непритомний

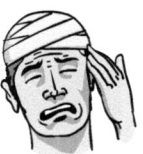

痛

біль

受傷

травма

出血

кровотеча

心臟病發作

інфаркт

中風

інсульт

過敏

алергія

咳嗽

кашель

發燒

лихоманка

流感

грип

腹瀉

пронос

頭痛

головна біль

癌症

рак

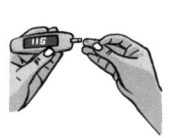

糖尿病

діабет

外科醫師

хірург

手術刀

скальпель

手術

операція

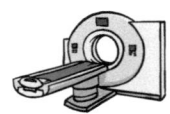

電腦斷層掃描
КТ

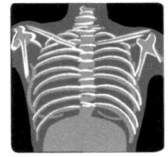

X光
рентген

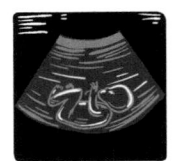

超音波
ультразвук

口罩
маска

疾病
хвороба

候診室
зал очікування

拐杖
милиця

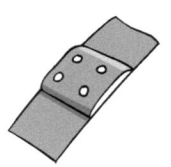

石膏
пластир

繃帶
пов'язка

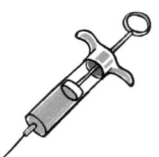

注射
ін'єкція

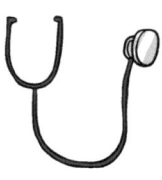

聽診器
стетоскоп

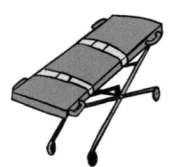

擔架
ноші

體溫計
термометр

出生
народження

超重
надмірна вага

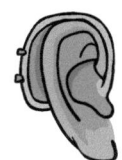

助聽器

слуховий апарат

消毒液

дезінфікуючий засіб

感染

інфекція

病毒

вірус

愛滋病

ВІЛ / СНІД

藥物

медицина

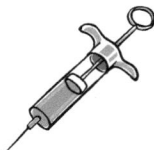

接種疫苗

вакцинація

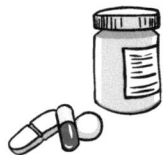

藥片

таблетки

藥丸

протизаплідна пігулка

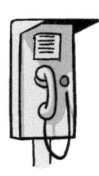

急救電話

екстрений виклик

血壓計

тонометр

生病/健康

хворий / здоровий

救命！

Допоможіть!

警報

сигнал тривоги

突擊

напад

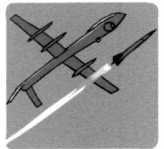

攻擊

атака

危險

небезпека

緊急出口

аварійний вихід

失火了！

Вогонь!

滅火器

вогнегасник

意外

аварія

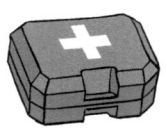

急救箱

аптечка

呼救訊號

COC

員警

поліція

歐洲

Європа

北美洲

Північна Америка

南美洲

Південна Америка

非洲

Африка

亞洲

Азія

澳洲

Австралія

大西洋

Атлантика

太平洋

Тихий океан

印度洋

Індійський океан

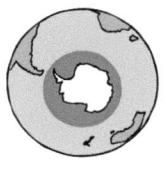

南冰洋

Антарктичний океан

北冰洋

Північний Льодовитий океан

北極

Північний полюс

南極

Південний полюс

南極洲

Антарктика

地球

Земля

陸地

суша

海

море

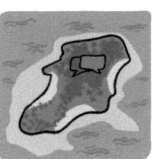

島

острів

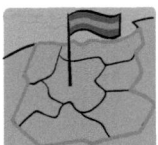

國家

нація

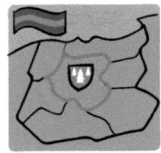

州

держава

錶盤

циферблат

時針

годинникова стрілка

分針

хвилинна стрілка

秒針

секундна стрілка

現在幾點？

Котра година?

天

день

時間

час

現在

зараз

電子錶

цифровий годинник

分

хвилина

時

година

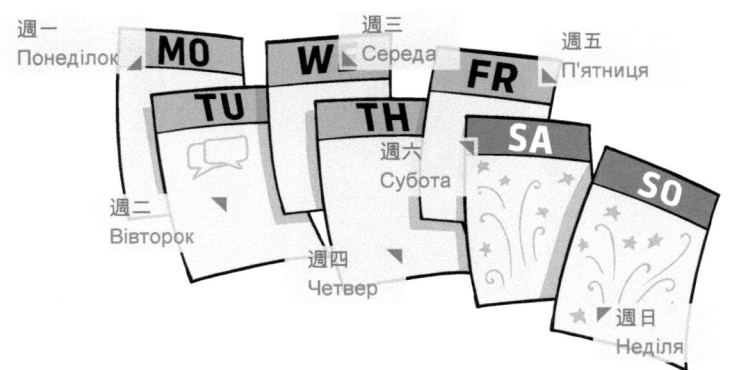

週一
Понеділок

週三
Середа

週五
П'ятниця

週二
Вівторок

週六
Субота

週四
Четвер

週日
Неділя

昨天
....
вчора

今天
....
сьогодні

明天
....
завтра

早晨
....
ранок

中午
....
опівдні

晚上
....
вечір

MO	TU	WE	TH	FR	SA	SU
1	2	3	4	5	6	7
8	9	10	11	12	13	14
15	16	17	18	19	20	21
22	23	24	25	26	27	28
29	30	31	1	2	3	4

工作日
....
робочі дні

MO	TU	WE	TH	FR	SA	SU
1	2	3	4	5	6	7
8	9	10	11	12	13	14
15	16	17	18	19	20	21
22	23	24	25	26	27	28
29	30	31	1	2	3	4

週末
....
кінець робочого тижня

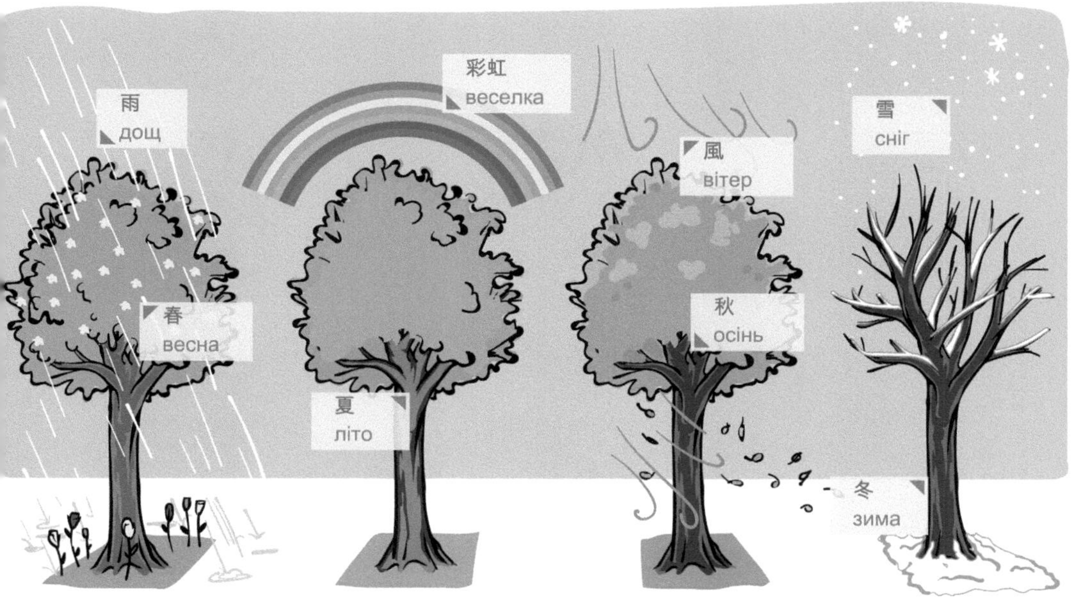

雨
дощ

彩虹
веселка

風
вітер

雪
сніг

春
весна

夏
літо

秋
осінь

冬
зима

天氣預告

прогноз погоди

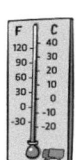

溫度計

термометр

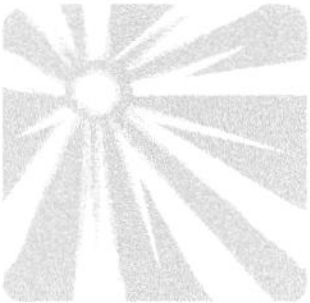

陽光

сонячне світло

雲

хмара

霧

туман

潮濕

вологість повітря

閃電

блискавка

打雷

грім

風暴

шторм

冰雹

град

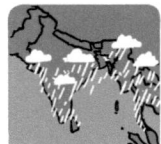

季風

мусон

洪水

повінь

冰

лід

一月

Січень

二月

Лютий

三月

Березень

四月

Квітень

五月

Травень

六月

Червень

七月

Липень

八月

Серпень

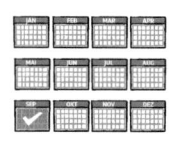

九月

Вересень

十月

Жовтень

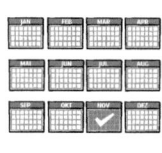

十一月

Листопад

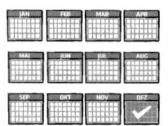

十二月

Грудень

形狀

форми

圓形

круг

正方形

квадрат

長方形

прямокутник

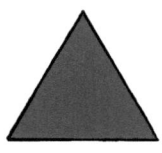

三角形

трикутник

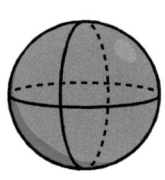

球體

куля

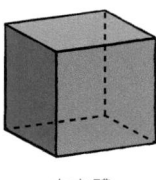

立方體

куб

顏色
фарби

白
....
білий

黃
....
жовтий

橙
....
помаранчевий

粉
....
рожевий

紅
....
червоний

紫
....
фіолетовий

藍
....
синій

綠
....
зелений

棕
....
коричневий

灰
....
сірий

黑
....
чорний

很多/少許

багато / мало

生氣/平靜

лютий / мирний

美/醜

гарний / бридкий

首/尾

початок / кінець

大/小

великий / малий

明/暗

світлий / темний

兄弟/姐妹

брат / сестра

乾淨/骯髒

чистий / брудний

完整/缺失

завершений /
незавершений

白天/晚上

день / ніч

死/生

мертвий / живий

寬/窄

широкий / вузький

可食用/非食用

їстівний / неїстівний

邪惡/善良

злий / дружній

興奮/無聊

збуджений / нудьгуючий

胖/瘦

товстий / тонкий

第一/最後

спочатку / востаннє

朋友/敵人

друг / ворог

滿/空

повний / порожній

硬/軟

жорсткий / м'який

重/輕

важкий / легкий

餓/渴

голод / спрага

生病/健康

хворий / здоровий

非法/合法

незаконний / законний

聰明/愚笨

розумний / дурний

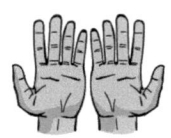

左/右

вліво / вправо

近/遠

поруч / далеко

新/舊

нови́й / використаний

沒有/有些

нічого / щось

老/幼

старий / молодий

開/關

вкл / викл

打開/闔上

відкрито / закрито

安靜/吵鬧

тихо / гучно

富/窮

багатий / бідний

對/錯

правильно / неправильно

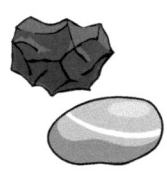

粗糙/光滑

шорсткий / гладкий

傷心/高興

сумний / щасливий

短/長

короткий / довгий

慢/快

повільно / швидко

濕/乾

вологий / сухий

溫暖/涼爽

гарячий / холодний

戰爭/和平

війна / мир

反義詞 - протилежності

數字

числа

0

零
....
нуль

1

一
....
один

2

二
....
два

3

三
....
три

4

四
....
чотири

5

五
....
п'ять

6

六
....
шість

7

七
....
сім

8

八
....
вісім

9

九
....
дев'ять

10

十
....
десять

11

十一
....
одинадцять

12

十二

дванадцять

13

十三

тринадцять

14

十四

чотирнадцять

15

十五

п'ятнадцять

16

十六

шістнадцять

17

十七

сімнадцять

18

十八

вісімнадцять

19

十九

дев'ятнадцять

20

二十

двадцять

100

百

сто

1.000

千

тисяча

1.000.000

百萬

мільйон

英語
....
англійська

美式英語
....
американська англійська

普通話
....
китайська
високочиновницька

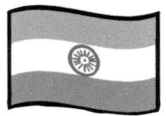

印地語
....
хінді

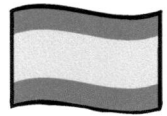

西班牙語
....
іспанська

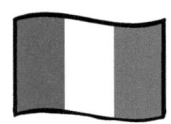

法語
....
французька

阿拉伯語
....
арабська

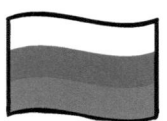

俄語
....
російська

葡萄牙語
....
португальська

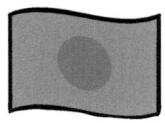

孟加拉語
....
бенгальська

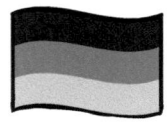

德語
....
німецька

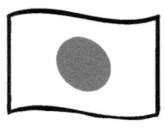

日語
....
японська

我

я

你

ти

他/她/它

він / вона / воно

我們

ми

你們

ви

他們

вони

誰？

хто?

什麼？

що?

如何？

як?

何處？

де?

何時？

коли?

名字

ім'я

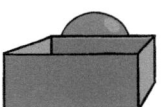

後面
....
ззаду

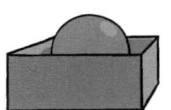

裡面
....
в

前面
....
перед

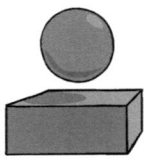

上方
....
над

上面
....
на

下麵
....
під

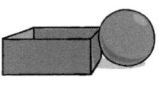

旁邊
....
біля

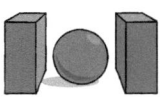

中間
....
між

地點
....
місце